Einen schönen Tag!

Mit dem Frühling hält auch eine ganze Schar von witzigen Figuren Einzug in Ihr Heim. Da wären z.B. die ulkigen Frösche die sich selbst zum Trocknen aufhängen, der kleine Frechdachs Lups, dem wohl kaum jemand seine Streiche übel nehmen kann oder das bezaubernde Schmetterlinchen mit Ihrem schillernden Auftreten. Passend zur Wohnraumdeko finden sie die Motive auf einem Friesenbaum, Türanhänger, Stecker, Karten oder am Fenster wieder. Wir hoffen daß nun die Flaschen zu glühen beginnen und Sie Ihre Wohnung mit frischen Farben auf den Frühling vorbereiten.

Sandy & Ralfi

Tips & Tricks

Farben:

Window-Color Glasmalfarben. Das sind Farben, die man auf eine spezielle Folie malt und nach dem Trocknen dann von der Folie abziehen kann. Die Bilder haften auf allen glatten Flächen und sehen besonders schön aus wenn sie von hinten beleuchtet werden. Viele Firmen bieten diese Farben inzwischen an. Wir haben uns hier nicht auf eine spezielle Farbe festgelegt und die Farbbezeichnungen so neutral wie möglich gehalten.

Folien:

Spezialfolie: Das ist die normale Folie von der die Farbe nach dem Trocknen wieder abgelöst werden kann.

Haftfolie: Bei dieser Folie wird das Bild mit der Folie ausgeschnitten und haftet dann besonders gut am Fenster. Die Bilder zerreißen nicht so leicht.

Mobile/Windradfolie: Auch hier wird das Bild mit der Folie ausgeschnitten und kann dann für Mobiles oder Windlichter verwendet werden.

Konturenfarben:

Es gibt viele verschiedene Konturenfarben. Wir haben fast nur schwarze Kontur verwendet. Für sehr feine Konturen gibt es Konturenfläschchen oder elektrische Konturenliner.

Vorsicht!!! Bei extremer Hitze oder Kälte können die Bilder beim Abnehmen wie Glas zerspringen. Warten Sie dann einfach bis sich die Temperatur etwas normalisiert hat.

So geht's

1 Legen Sie Ihre Motivvorlage unter die Folie. Diese mit einigen Streifen Klebeband fixieren, damit die Vorlage nicht so leicht verrutschen kann.

2 Nun tragen Sie die Kontur auf. Halten Sie die Flasche knapp über die Folie und lassen die Kontur mit gleichmäßigem Druck herauslaufen. Der Konturenstrich muß geschlossen und darf nicht zu dünn sein. Das Bild kann sonst beim Abziehen leichter einreißen.

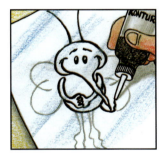

3 Nach dem Trocknen der Kontur (ca.3 Std.) füllen Sie die einzelnen Felder mit Farbe aus. Die Farbe sollte reichlich aufgetragen und bis an den Rand gemalt werden. Kleine Blasen zerstechen Sie mit einem Zahnstocher. Flimmer und Transparentkügelchen werden in die feuchte Farbe eingestreut. Nach einer Trockenzeit von 24 Std. kann das Bild von der Folie gezogen werden.

Nur Fliegen ist schöner

Kontur: Schwarz & Farblos

Farben: Kristallklar, Weiß, Haut, Orange, Hellgrün, Rot, Gelb, Blau, Pink, Schwarz, Türkis

Material: Perlmuttflimmer,
Transparentkügelchen Klar,
Friesenbaum zum Stellen ca. 65 cm,
Bastelfarbe in Orange, Gelb und Weiß,
weiße Federn, Messingdraht,
Bast Orange, 0,5 m Blümchenband,
4 Holzherzen, Mobilefolie,
1 Holzmarienkäfer,

Dieser Friesenbaum wimmelt nur so von süßen Flugobjekten. Malen Sie die Tierchen auf die Mobilefolie und schneiden diese dann aus. Der Friesenbaum wird mit der Bastelfarbe bemalt und die Holzherzen aufgeklebt.

Die Federn haben wir hier auf Messingdraht gedreht und um den Stamm gewickelt. Die Motive werden teilweise aufgeklebt und manche am Bast aufgehängt.

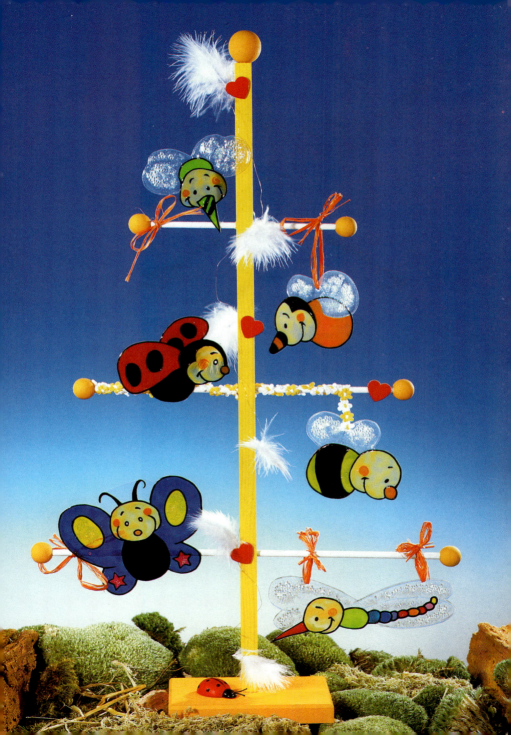

Pieks!

Zzzzzz...Piiieks! Oh, ooh, da sind sie wieder, die drei Moskitos. Unerbärmlich stechen sie zu wo es nur geht. Naja, was sollten sie auch sonst mit ihren kleinen Saugrüsselchen anfangen?

Da die winzigen Piekser recht dünne Beinchen und Fühler haben, ist es besser sie auf Haftfolie zu malen. In die hellgrünen Bäuche marmorieren Sie etwas mit Grün und streuen die Transparentkügelchen ein. Die Pupillen mit Grün umranden. Mit der farblosen Kontur werden die Flügel gemalt, ins Kristallklar der Flimmer und die klaren Kügelchen eingestreut.

Schneiden Sie die Moskitos so aus, daß zwischen den Fühlern und Beinen die Folie bleibt.

Konturen:
Schwarz, Farblos

Farben:
Hellgrün, Grün, Orange, Schwarz, Rot, Kristallklar, Weiß

Material:
Haftfolie, Transparentkügelchen in Klar und Grün, Perlmuttflimmer

Willkommen Zuhause!

Kontur: Schwarz

Farben: Arktis, Blau, Weiß, Orange, Hellgrün, Gelb, Haut, Rot, Schwarz, Kristallklar

Material: Windradfolie,
rotes dünnes Satinbändchen ca. 50 cm,
Perlmuttflimmer,
Transparentkügelchen Klar

Ist es nicht schön, wenn man nach Hause kommt und gleich so nett empfangen wird? Das können Sie haben bzw. basteln!

Das komplette Bild wird auf Windradfolie gemalt. In das Arktis des Herzes streuen Sie einige Transparentkügelchen. Mit dem Flimmer lockert man die weißen und farblosen Flächen auf. Wenn Sie das Motiv ausschneiden, machen Sie einen Bogen um die Fühler des Käferleins. Diese kann man übrigens auch im Nachhinein mit einem wasserfesten Fineliner aufzeichnen. Zum Schluß Löcher einstanzen und das Bändchen zum Aufhängen befestigen.

Mir blüht was!

Konturen: Schwarz, Grün transparent

Farben: Haut, Kirschrot, Orange, Weiß, Schwarz, Karibik, 3 Grüntöne, Zitronengelb, Gelb

Material: Haftfolie, Transparentkügelchen Grün, Perlmuttflimmer

Was ragt da aus dem Blumentopf?
Es ist ein kleiner Käferkopf.
Munter schaut er, aus der Blüte,
und ist gar kein bißchen müde.

Um das Käferlein öfters und leichter auf- und abziehen zu können, verwenden Sie Haftfolie. In die noch frische Hautfarbe die Wangen in kreisenden Bewegungen einmalen. Für die Blätter verwenden Sie drei verschiedene Grüntöne, die von dunkel nach hell einmarmoriert werden. Etwas Flimmer in den Blumentopfrand streuen. Nach dem Trocknen so ausschneiden, daß im Bereich der Fühler und zwischen Blüte und Blätter Folie stehen bleibt.

So ein Quaaak!

Vorhang auf für die drei tolldreisten Turner in Grün. Egal ob beidhändig, einhändig oder nur mit dem Mund, hier hängt jeder Frosch einfach herum.

Erwecken Sie die Frösche auf Mobilefolie zum Leben. Beim Ausschneiden können Sie die Folie zwischen den Beinen stehen lassen. Den Mund des mittleren Frosches bis zu den Winkeln einschneiden, hier in die Kordel einhängen. Der rechte Frosch hat ein zusätzliches Handteil, welches von vorne auf die Kordel geklebt wird.

Kontur:
Schwarz

Farben:
Hellgrün und Mittelgrün, Perlmutt (irisierend), Rot, Schwarz

Material:
Mobilefolie,
gelbe Kordel ø 4 mm (Länge nach Bedarf)

Buntes Geflatter

Kontur: Schwarz

Farben: Hellgrün, Türkisblau, Grün, Bernstein, Gelb, Orange, Weiß, Lavendel, Flieder, Violett, Pink,

Material: Mobilefolie, Bindedraht geglüht, gelber Holzperlenmix, Transparentkügelchen Grün, Blau, Rot

Was flattert da in Büschen und Hecken? Drei kleine Vöglein sind's, die sich verstecken. Sie sind Lavendel, Pink und Grün, um Futter sie sich stets bemüh'n.

Diese witzigen Flattermänner malen Sie auf Windradfolie, wenn Sie sie aufhängen wollen. In die Schnäbel etwas Orange einschattieren. Auch in die bunten Gefieder können Sie ruhig Ton in Ton marmorieren. Zur Auflockerung die Transparentkügelchen den Farben entsprechend einstreuen. Stechen Sie kleine Löcher oben in die Flügel und binden den mit Perlen verzierten Draht fest. In der Mitte des Drahtes eine Schlaufe zum Aufhängen drehen.

Schmetterlinchen

Konturen: Schwarz, Gold, Flittergold, Farblos

Farben: Haut, Lavendel, Flieder, Karibik, Arktis, Türkisblau, Rot, Weiß, Glitzergold, Schwarz, Kristallklar

Material: Perlmuttflimmer, Perlmuttsternchen

Langsam bewegt es seine seidenen Flügel, dann immer schneller bis sie schließlich zu rotieren beginnen. Schon steigt es in die Lüfte und ist alsbald nur noch als kleiner leuchtender Punkt am Himmel zu sehen.

Für das Schmetterlinchen haben wir verschiedene Konturen verwendet. Kopf, Körper und Fühler sind schwarz. Die Haare mit Gold umrandet, mit Glitzergold ausgemalt. Für die Außenkontur der Flügel nehmen Sie Flittergold, für die Umrandungen der Farbflecken Farblos. In die kristallklare Fläche der oberen Flügel Perlmuttflimmer streuen, in die unteren einige Perlmuttsternchen. Die roten Punkte auf den Beinen und Armen sowie die Halskette werden erst nach dem Trocknen der Hautfarbe aufgetragen.

Vorsicht beim Abziehen und Anbringen der Fühler!

Lups

Kontur:	Schwarz
Farben:	Weiß, Schwarz, Hellbraun, Hellgrün, Grün, Gelb, Orange, Hellblau, Dunkelblau
Material:	Mobilefolie Holzstab D = 5 mm, Stabadapter Gelbes kariertes Satinbändchen, gelber Bast Gelbe Bastelfarbe

Lupo, mit Spitznamen Lups, ist ein gewaltiger Wachhund der tapfer sein Revier verteidigt. Sobald ein "Eindringling" unbefugt in die Nähe seines Gartens kommt beginnt er mächtig zu knurren. Voller Angst bleiben die Fremden stehen und sagen leise: "Oooh, ist der süüüß"!

Lups nimmt auf Mobilefolie Platz. Die braunen Haare hinter seinen Ohren und unterhalb der Augen ziehen Sie in das frische Weiß. Das Gras und die Blume malen Sie etwas zweifarbig marmoriert. In die hellblaue Mitte der Blüte einige dunkle Punkte setzen.

Den Stab mit gelber Bastelfarbe anmalen, den Adapter aufstecken und hinten ankleben. Verzieren Sie den Stecker anschließend mit den Bändchen.

Ein tierischer Willkommensgruß

Kontur: Schwarz

Farben: Weiß, Schwarz, Bernstein, Hellbraun, Rosa, Rot, Grün, Grau

Material: Laternenfolie milchig, Vario-Karton Blümchen grün

Einen guten Tag kann ja jeder wünschen. Aber eine alte Kuhweisheit sagt: "Kuh, bleib' bei deinem Muh!"

Malen Sie die Schrift und die Kuh auf die Laternenfolie. Ohren und Schwanz haben wir leicht marmoriert. Ebenso die rosa Schnauze. Schneiden Sie den Anhänger aus dem Blümchenkarton aus und kleben die Kuh sowie die Schrift darüber.

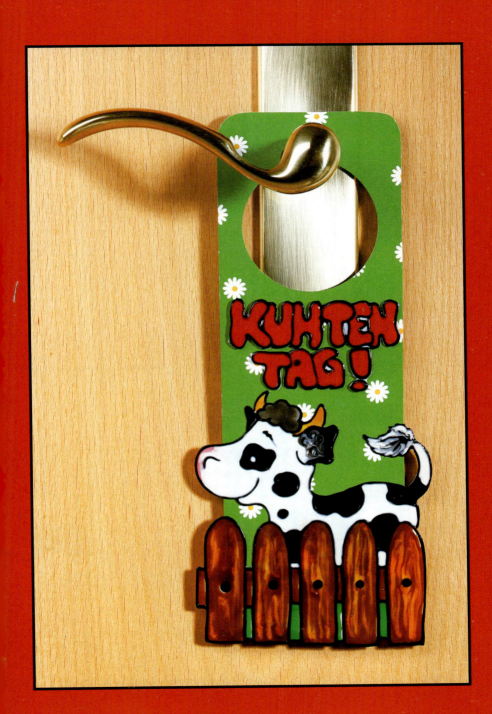

Im Gleichschritt Marsch!

Kontur: Schwarz

Farben: Zitrone, Gelb, Arktis, Orange, Hellgrün, Grün, Weiß, Rot

Material: Perlmuttflimmer

Rechts, zwo, drei, vier... stolz marschieren sie dahin, die kleinen Küken. Erst ein paar Tage auf der Welt haben sie schon die halbe Wiese erkundet. Bei den Blümchen sind sie wohl bekannt.

Diese fröhliche Borte bringt die Farben des Frühlings direkt in Ihr Heim. Je nach Breite des Fensters wiederholen Sie das Motiv. Die "Haare" und die Flügelchen haben wir mit Zitrone angemalt, letztere etwas mit gelb von innen schattiert. Auch die Schnabelspitze und die Wangen malen Sie in die noch feuchte Farbe. In das Weiß der Blümchen etwas Perlmuttflimmer geben.

Farbige Grüße

Kontur:	Schwarz
Farben:	Kuh: Weiß, Schwarz, Rosa, Bernstein, Hellbraun, Rot Käfer: Weiß, Schwarz, Haut, Orange, Karibik
Material:	Tonkarton Kuhmuster, Tonkarton Marienkäfer, Mobilefolie, weiße Strohseide, roter Naturbast

Wie wäre es mal mit einem Gruß oder einer Einladung, einfach mal so? Mit Window-Color ergeben sich da grenzenlose Möglichkeiten und die Suche nach der passenden Karte fällt auch gleich weg.

Malen Sie Ihr Lieblingsmotiv und die dazugehörige Schrift auf Mobilefolie. Pro Karte benötigt man Karton in der Größe 24 x 19 cm, der dann auf 12 x 19 cm gefaltet wird. Auf der Vorderseite schneiden Sie das Sichtfenster aus. Von Innen die Mobilefolie mit Motiv ankleben, dahinter die Strohseide. Vorne die ausgeschnittene Schrift aufsetzen und die Karte mit Bast oder Bändchen verzieren.

Leicht zu durchschau'n

Kontur: Schwarz

Farben: Haut, Dunkelrot, Gelb, Orange, Schwarz, Weiß, Blau

Material: Mobilefolie, Tonkarton mit Marienkäfermuster, Bindedraht geglüht, Kerze, Transparentkügelchen Klar

Dieses dekorative Tischlicht bringt Ihnen den Frühling direkt in die Wohnung.

Für die Hintergrundbeleuchtung eignet sich eine selbstgebastelte Kerze mit gelbem Kerzensand in einem kleinen Glas. Überhaupt sollte die Kerze etwas schwerer sein, damit der kleine Käfer nicht auf die Nase fällt. Malen Sie das Käferlein auf Mobilefolie. Nach dem Trocknen ausschneiden und auf die fertiggebastelte Schachtel kleben. Diese hat eine Aussparung in Form des Bauches (siehe Vorlagebogen), so wird dieser komplett hinterleuchtet. In Kopf und Fühlerenden Löcher stechen und mit Draht verbinden.

Hotte Hahn

Kontur: Schwarz

Farben: Blau, Smaragd, Karibik, Türkis, Flieder, Sonnengelb, Lavendel, Bernstein, Dunkelrot

Material: Mobilefolie,
Holzstab ø 5 mm,
weiße Bastelfarbe,
Stabadapter,
ca. 50 cm dünnes Schleifenbändchen,
Perlmuttflimmer

Hotte ist ein stolzer Hahn - früh fängt er zu krähen an.
Mit ihm geht die Sonne auf - dann beginnt der Tageslauf

Um Hotte standhaft zu machen, malen Sie auf Mobilefolie. Die Schwanzfedern werden Ton in Ton ineinander verzogen. In den Flügel können Sie etwas Flimmer streuen. Solange der Hahn trocknet bemalen Sie den Stab mit weißer Farbe. Dann wird Hotte ausgeschnitten, der Stab von hinten angeklebt und mit Schleifenband verziert.

Summ Summ

Kontur: Schwarz

Farben: Weiß, Orange, Hellgrün, Gelb, Hellblau

Material: Kerzensand in Schwarz, Gelb, Orange,
2 Gläser,
gewachste Dochte,
Perlmuttflimmer,
Gelbe Flausch- oder Marabufedern

Hier haben wir mal ein weiteres beliebtes Hobby, das Kerzengestalten, mit einfachen Window-Color Motiven kombiniert. Sehen unsere Bienchen nicht süß wie Honig aus?

Die Gesichter tragen Sie auf Malfolie auf. In die Augenlider und ins Weiß etwas Perlmuttflimmer streuen. Um die Pupillen der kleinen Biene malen Sie mit Hellgrün die Regenbogenhaut, lassen diese etwas antrocknen, bevor Sie das Weiß auftragen. Den Kerzensand in Schichten einfüllen, danach die Dochte einstecken. Unten am Glas können Sie noch ein paar Federn ankleben. Bei den Gesichtern werden Brauen, Augen und Mund einzeln aufgesetzt.

Weitere Window-Color Bücher

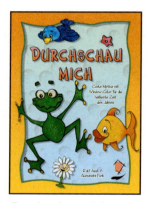 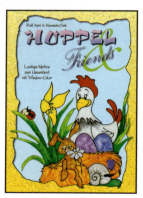 

Durchschau mich
Coole Motive mit
Window-Color für die
heißeste Zeit des Jahres
Heft 14x20 cm
ISBN 3-930529-49-1

Hoppel and Friends
Lustiges für das
Frühjahr mit Window-
Color-Glasmalfarben.
Heft 14x20 cm
ISBN 3-930529-65-3

Schau in den Frühling
Bunte und witzige
Motive mit Window-
Color
Heft 14x20 cm
ISBN 3-930529-42-4

Laubanger 19b 96052 Bamberg   Vielseidig Verlag GmbH   Tel. 0951/ 6 89 97
Fax. 0951/ 60 32 99